Hallwag
Taschenbuch

110

Kunst

Ikebana

Blumenkunst für jedermann

Renate Richi

W0312514

Hallwag Verlag
Bern und Stuttgart

Umschlagbild:
Die beiden Sonnenblumen, die durch Farbe und Größe Gleichgewicht herstellen, verleihen der Komposition Stabilität. Das Sonnenblumenblatt, das rechts über den Schalenrand ragt, nimmt die Linie des Apfelzweigs wieder auf.
Der stark nach links ausschwingende vollbehangene Zierapfelzweig zeigt die Fülle der Fruchtbarkeit.
Material: Ein Ast mit Zieräpfeln, zwei Sonnenblumen, ein Sonnenblumenblatt

Fotos:
Linne-Schürmann, Kaiser, Richi

3., verbesserte Auflage, 1977
Gesamtherstellung:
Hallwag AG Bern
ISBN 3 444 50 100 5

Inhalt

Vorwort zur dritten Auflage

Um Ikebana dem musischen Menschen in der westlichen Welt zugänglicher zu machen, habe ich in diesem Buch die Blumenkunst nach den Regeln der bildenden Kunst erläutert.
Ikebana ist, wie alle anderen Künste in Japan, mit dem Zen-Buddhismus eng verbunden. Diese meditative Einstellung der Künstler, die ihre Vorbilder in ihrer Religion und Weltanschauung finden, ist die Wurzel ihrer Werke.
Zum umfassenden Verständnis dazu fehlen uns weithin die Voraussetzungen, deshalb können wir diese Kultur und Weltanschauung des ostasiatischen Volkes nicht so einfach übernehmen.
Angesichts dieser Tatsache und meiner Achtung vor der fernöstlichen Kultur kann ich diese Kunst mit ihrem Geist, der vornehmlich mystisch ist und daher für uns fremdartig erscheint, nicht so übernehmen, wie es die Japaner lehren.
Genausowenig kann ich diese zarte Kunst durch Maßeinheiten und geometrische Regeln konstruieren, da diese jede schöpferische Auseinandersetzung ausschließen.
Der tiefere Sinn des Blumenweges ist, mit Geduld und Ausdauer etwas Kreatives zu gestalten, um zu uns selbst zu finden.

Zum Schluß sei mein Dank an den Hallwag-Verlag gerichtet, der meine Arbeit mit viel Einfühlungsvermögen herausgegeben hat.

Braunschweig, im März 1977 Renate Richi

Einleitung

Blumenkunst will mehr sein als einfach das Blumen-in-eine-Vase-Stellen. Diese anmutige Kunst, die wir hauptsächlich den Japanern verdanken, findet immer mehr Freunde in der westlichen Welt und fördert das Erleben mit Blumen und Pflanzen. Es wird also nicht mehr «gestopft», sondern «komponiert». Im Unterschied zu der europäischen Blumendekoration beansprucht die japanische Blumenkunst eine geistige und seelische Auseinandersetzung. Sie ist also keine seelenlose Fertigkeit, sondern erfordert Hingabe, Geduld, Empfindung, Phantasie, Geschmack und vor allem Liebe zur Natur. Die Blumenkunst hat daher auch, wie alle bildenden Künste, die Aufgabe, diese Empfindungen, Erfahrungen und Ideen zur Anschauung zu bringen, die sich der gewöhnlichen sprachlichen Mitteilung entziehen.

Ein Ikebana schmückt nicht nur die Wohnung, sondern drückt gleichzeitig unsere geistige Haltung und Stimmung aus. Es kommt nicht allein darauf an, daß das ästhetische Bewußtsein des Betrachters angesprochen wird oder daß die Kunstfertigkeit des Arrangeurs zu erkennen ist, sondern es geht vielmehr um das beglückende Erlebnis, das «Wesen» der Blume zu erfassen und ihr zum Eigenwert zu verhelfen. Die Grundregeln der Blumenkunst sind die der bildenden Kunst, die ausgewogene Proportion eines Arrangements sowie das Zusammenspiel von Formen und Farben. Nur hier gestalten wir mit Material aus der Natur, z. B. mit Wurzeln, Zweigen, Gräsern, Blumen, Blättern und Steinen. So können wir also ein plastisches Gebilde aus natürlichem Material schaffen.

Hat man sich lange mit dieser Kunst beschäftigt, wird man in der Natur immer wieder neue Anregungen finden, die niemals ausgeschöpft sind. So können wir mit der künstlerischen Darstellung eines Arrangements in etwa den Zauber der Pflanzenwelt einfangen.

Ursprung der Blumenkunst

Die Kunst der Blumenanordnung wird von den Japanern mit besonderer Liebe gepflegt. Sie ist seit längerer Zeit ein Zweig der bildenden Künste – Ikebana genannt – und bedeutet: Blumen zu einem neuen Leben erwecken.
Die Geburtsstätte dieser Kunst liegt jedoch in China und entstand dort um 607 n.Chr., als die buddhistischen Mönche ihre Tempel mit Blumen und Zweigen zu schmücken begannen. Sie entwickelten ein symbolhaftes Gebilde aus drei gebogenen Linien, dargestellt aus Blumen, Gräsern, Zweigen und Wurzeln: Die höchste Linie bedeutete den Himmel (Shin), die niedrigste die Erde (Gyô), und der Mensch (Sô) stand in der Mitte zwischen Himmel und Erde.
Das Geheimnis dieser Kunst ist aber die Proportion. Durch langes Probieren gelangte man zu der Regel, daß der Himmel ein Ganzes sei, die Erde ein Drittel und der Mensch zwei Drittel des Ganzen. Diese Regeln bestimmen auch heute noch das traditionelle Ikebana.
Im selben Jahrhundert kam mit dem Buddhismus die Blumenkunst nach Japan. Dort schmückte man seitdem zum Gottesdienst den Altar mit Blumen. Die Mönche stellten durch die Symbole der Linien und der Pflanzen ihre Gedanken dar, die Verehrung und Anbetung ausdrückten.
Die Annäherung ästhetischer und religiöser Vorstellungen im Zen-Buddhismus führte in Japan zur künstlerischen Blüte: die Kunst des Blumenordnens (ka-do), Tee-Zeremonie (cha-do), die Kunst des Bogenschießens (kyo-do) und die der Selbstverteidigung (ju-do). Diese Künste bedeuten die «richtige Methode» oder «Weg der richtigen Erkenntnis».
Der Förderer von Ikebana und Tee-Zeremonie, Ashikaga Yoshimasa (um 1440), nahm absichtlich unvollkommene Gefäße für seine Arrangements, um hier die Unvollkommenheit des Menschen zu symbolisieren. Er wollte damit demonstrieren, daß das Blumenstecken zur Vervollkommnung des «Ich» beiträgt. Diese geistige Haltung beherrschte jede dieser obengenannten Künste.

Im 15. Jahrhundert wurde die Blumenkunst zu einer eigenständigen Kunstform.

Die traditionellen Ikebana-Stile

1. Rikka

Durch die Wettbewerbe, die in den Tempeln stattfanden, entstand so allmählich die erste bedeutende Form «Rikka». Wie die Bilder und Holzschnitte von alten Meistern zeigen, bestand diese Form vorwiegend aus Wurzeln, Zweigen, Blättern, Gräsern und nur einigen Blumen, die in schweren Vasen angeordnet wurden. Hier wurden neun Hauptzweige streng systematisch aufgebaut. In dem Aufbau und der Zusammenstellung dieser Form kamen Philosophie und Naturgesetze zum Ausdruck, und so wird in einer einzigen Vase das ganze Universum symbolisiert.
Zu dieser Zeit war die Blumenkunst nur den Adligen und der Ritterkaste vorbehalten.

2. Shoka

Dieser Stil wurde später von «Rikka» abgeleitet. Er versinnbildlicht ebenfalls die Gesetze der Natur und der Menschlichkeit; jedoch ist Shoka in der Struktur und Form einfacher und klarer. Hier beschränkt man sich nur auf drei Hauptelemente: Himmel, Mensch und Erde.

3. Nageire

Hier hält man sich weniger starr an die Regeln der vorgeschriebenen Linien als bei «Rikka» und «Shoka», aber die Beziehung zwischen Himmel, Erde und Mensch bleibt bestehen. Auch gibt es keine Vorschriften bei der Wahl der Pflanzen. Nageire ist freier und leichter und wird in hohen Gefäßen angeordnet.

4. Moribana

«Moribana» ist in ihrem Aufbau und in der Anordnung frei wie

«Nageire» und wird in flachen Schalen gestaltet mit der Absicht, einen Landschaftsausschnitt anzudeuten. Hier werden die Zweige und Blumen auf einen Kenzan (Blumenigel) gesteckt.

Moribana und Nageire entwickelten sich seit 1912, als man anfing, sich westlich zu kleiden und neuartige Blumen aus dem Westen einzuführen. Der freie Stil, der sich daraus entwickelte, entstand ebenfalls in Japan und findet heute immer mehr Anklang. Er ist den Europäern auch zugänglicher und verständlicher, da er von religiösen und weltanschaulichen Bindungen frei ist. Man betont die freie Gestaltung der individuellen Empfindung. Doch die Grundlehre der bildenden Kunst ist hier die Voraussetzung.

Neuer Weg

Um diese Blumenkunst in der westlichen Welt einführen zu können, wird von den bekanntesten Schulen in Japan auch der moderne Stil anerkannt, der auf der Betonung von Formen und Farben beruht.
Wir wollen also ein Arrangement gestalten, das unsere Sehnsucht, selbst etwas Schönes zu schaffen, erfüllt und gleichzeitig den schöpferischen Drang befriedigt.
Alles, was die fernöstlichen Länder überliefern, hat einen tieferen Sinn. Die Japaner leben mit der Natur und sind mit ihr und der Kunst tief verwurzelt. Nur deshalb konnte sich die Blumenkunst immer mehr entwickeln. Sie haben fast für jede Blume und Pflanze, für jede Linie eine Bedeutung. Diese Symbole sind uns Europäern doch etwas fremd.

Wir können die ostasiatische Weltanschauung und Philosophie wohl studieren, wir werden aber nie wie die Ostasiaten denken und handeln können, weil wir in einem andern Kulturkreis leben.

Abb. 1 Rikka

Abb. 2 Shoka

Abb. 3 Nageire

Abb. 4 Moribana

Obwohl wir die Meisterwerke der Japaner in geistiger und ästhetischer Sicht heute noch bewundern, können wir nicht mehr mit diesen althergebrachten, traditionellen Formen gestalten. Und wenn die Kunst der Ausdruck der geistigen Auseinandersetzung einer bestimmten Zeit ist, so wird uns klar, daß uns die Nachahmung und Nachbildung der alten Werke nicht auf den richtigen Weg führt. Es ist keine Kunst, etwas nachzuahmen. In der modernen Blumenkunst gibt es unzählige Variationen der Gestaltung. Je mehr wir studieren und forschen, um so mehr Formen werden wir finden, die noch nie dagewesen sind. Es wird auch nie endgültige Lösungen geben. Die Blumen werden nicht in dichter Fülle in eine Vase gestopft, wie sie in der Natur niemals zusammenstehen, sondern man muß bei einem Arrangement das Gefühl haben, daß nichts zuviel ist, aber auch nichts fehlt.
Heute geht man auch in Japan schon so weit und verwendet Glas, Eisen, Wolle und Draht für die Blumenkunst. Aber das Empfinden und die Liebe zur Natur müssen die Voraussetzungen für diese Kunst bleiben.
Ikebana ist ungefähr seit 1910 in Deutschland bekannt, wurde aber lange nicht beachtet und bearbeitet. Erst seit etwa 20 Jahren bemüht man sich intensiver, uns mit dieser Kunst vertraut zu machen.

Schule des Sehens

Die wichtigste Eigenschaft eines Künstlers ist die Beobachtungsgabe, das eindringliche Sehen der Gegenstände. Beim Spaziergang fallen den meisten Menschen nur die großartigen, außergewöhnlichen Dinge auf. Doch die Voraussetzung der Kunst ist auch, auf die scheinbar so unwichtigen alltäglichen Dinge aufmerksam zu machen. Das ungeübte Auge erblickt in der Wirklichkeit nur sehr wenig, es erkennt vielleicht Gegenstände wie Baum, Wiese, Strauch oder Blumen. Die Fähigkeit, eine Pflanze eindringlich zu beobachten und das Wesentliche

zu erfassen, ist für den künstlerischen Erfolg wichtiger als das handwerkliche Können. Ein Künstler braucht eine überdurchschnittliche Beobachtungsgabe, um für seine Gestaltung die richtigen Objekte, die richtige Komposition und die richtigen Farben zu wählen. Beobachtungsgabe besitzen nicht etwa nur talentierte Menschen, sondern sie gehört zu den Fähigkeiten, die man durch ständiges und intensives Üben erlernen kann. Das wichtigste ist, daß man sich immer wieder bemüht, auch die kleinen Dinge, z. B. das «Unkraut», richtig zu sehen.
Prägen wir uns die Farben, Formen, Strukturen, Linien und Umrisse jeder Pflanze richtig ein. Jede Pflanze hat ihr eigenes Gesetz in ihrem Wachstum. So werden wir die Schönheit und das Wesen der Pflanzen lieben und intensiver erleben können.
«Die Liebe ist alles in der Kunst, ohne Liebe kann man nicht malen; man kann keinen Grashalm malen, wenn man ihn nicht liebt» (Liebermann).
So ist es auch in der Blumenkunst. Erst wenn wir die Pflanzen und Blumen lieben, können wir ein sinnvolles Arrangement gestalten.
Mit dieser Liebe zur Natur verstehen es die Japaner, aus Blumen, Zweigen, Wurzeln und Steinen ein Kunstwerk zu schaffen. Diese Verbundenheit mit der Natur zeigt sich auch z.B. in der «Heiku»-Dichtung, in der mit wenigen Worten Bewunderung und Stimmung anschaulich gemacht werden. Sie beschreibt den Wind, die Wolken, den Sonnenschein, Blüten und Bäume, ja sogar die kleinste Fliege oder ein Spinnennetz werden liebevoll miteinbegriffen.

Grundregeln für ein Arrangement

Die Gestaltungsprobleme eines Arrangements sind im Grunde die Konstruktion, die Ausgewogenheit der Elemente und die richtige Wahl des Materials, d.h. es geht um den harmonischen Aufbau eines Ganzen. Unser Bemühen ist es also, unser Arrangement durch einfache Formen zu gestalten, damit die Schönheit des Materials voll zur Geltung kommt. Um neue Gestaltungsmöglichkeiten zu entwickeln, müssen wir unsere Phantasie mit Formen, Farben, Strukturen und Material spielen lassen. Wäre diese Sehnsucht nach neuen Formen und Experimentierfreudigkeit nicht zu allen Zeiten vorhanden gewesen, so hätte es nie eine Entwicklung in der Kunst gegeben. Die Nachahmung bestimmter Werke mag für den Anfang manchmal nützlich sein, aber wir müssen uns davon frei machen, um bei der Suche nach neuen Ideen und beim Experimentieren Freude und Erfolg zu haben.

Linien

In der Blumenkunst kommt es hauptsächlich auf die Linienführung und die Asymmetrie an. In einem Arrangement werden die Linien durch Zweige, Wurzeln und Blumen dargestellt. Linien deuten den Umriß einer Form an. In einer Komposition bedeutet jedoch die Linie die Richtung, der das Auge folgt.
Die Blumen und Zweige sollen in einem Arrangement möglichst so angeordnet werden, daß ihre Hauptlinien den Blick auf die schönste Blume lenken. Dabei muß beachtet werden, daß die Linien, also Stiele, von einem Punkt ausgehen. Durch Kreuz-und-quer-Stecken auf dem Kenzan erreicht man keine deutliche Linienführung. Auf die Art der Linienbewegung kommt es an. Diese kann unseren Blick von einer Blüte zur andern wandern lassen und sie so miteinander verbinden.
«Bewegung liegt allem Werden voraus» (Klee).
Das Werk entsteht aus der Bewegung. Wir müssen also auf formenreiches, schwungvolles Material achten. Damit geben wir unseren Gefühlen Ausdruck. Jeder Künstler mit hoher Sensibilität ist für die Schönheit der Linien in der Natur empfänglich. Er sieht sie auch im Einfachsten, wie in einem Grashalm oder einem Blatt.
Der wahre Inhalt der Blumenkunst ist, die Atmosphäre und das Wesen der Pflanzen in der Natur zu erfassen. Alle Linien der Pflanzen werden durch Wachstumsprozesse gebildet.
Mit der Zeit, wenn wir die Natur bewußter sehen, schult sich unser Blick für geeignete Linien. Es kommt jedoch auch auf die individuelle Empfindung oder Stimmung an.

Ausdruck der Linien

Gewundene Linien z.B. versinnbildlichen Zartheit und Weiblichkeit, die gerade Linie Stabilität und Männlichkeit.

In der Natur können wir die Linien am besten studieren. Eine Trauerweide z. B. biegt schon im leisesten Wind ihre zarten Zweige und wirkt geschmeidig, biegsam und weich. So können wir in einem Arrangement mit der Weide einen zarten Frühlingswind darstellen, indem wir die Zweige in einer bestimmten Richtung anordnen.

Die senkrechte Linie finden wir im Schilf; die Lanzettform der Wasserlilie (Schwertlilie) bedeutet aufrechte Haltung. Im Walde findet man sehr viele Wurzeln, bizarre und massive. Durch eine dicke, starke Wurzel können wir Kraft und Bestimmtheit ausdrücken. Bizarre Wurzeln dagegen wirken romantisch und geheimnisvoll. Ein Apfelblütenzweig ist prächtig und duftig, aber im Winter, wenn er kahl ist, sieht er knorrig, zackig und urwüchsig aus. Grashalme erzittern schon im zartesten Hauch eines Windes.

Durch das Aneinanderfügen oder Gruppieren einiger Gräser in einer weichen, wiegenden Linie bewirkt man die Vorstellung eines warmen Sommerwindes: vital, fröhlich, beschwingt, zärtlich und weich.

Wir wollen aber nicht die Natur nachbilden, sondern ein Kunstwerk schaffen, das von unseren Empfindungen geformt wird.

«Es geht um die Verwandlung des Chaos der Einzelheiten in einheitliche Gestalt, in ein Gebilde gesteigerter Sichtbarkeit» (Gerhard Gollwitzer).

Die Einfälle bekommt man durch die Natur. Dort liegt auch das Geheimnis. Alles, was man tut, soll etwas aussagen. So können wir belanglose Dinge, wie ein Stück Holz oder einen Stein, durch künstlerische Gestaltung zum Sprechen bringen.

Eine Linie, die uns in einem Arrangement entgegenkommt, dringt in uns ein oder ist uns zugewandt. Eine Linie, die in den Hintergrund weicht, ist zurückhaltend. Verwendet man in einem Gebilde zu viele Linien gegeneinander, so kann dies leicht zu wild wirken. Je deutlicher man die Absicht einer Linie zeigt, um so klarer und reiner wirkt das Arrangement. Das Durchdringen eines Halbkreises mit einer geraden Linie kann Mut bedeuten. Zu weit auseinandergebreitete Linien wirken zerstreut und ohne festen Halt. Ruhe wird durch eng aneinanderliegende Linien symbolisiert.

Die symmetrische und die asymmetrische Anordnung
Die folgenden Abbildungen zeigen die wichtigsten graphischen Grundformen der bildenden Kunst in ihrer Anordnung:

1. Die symmetrischen Anordnungen bilden hinsichtlich des Gleichgewichts keine Schwierigkeiten.

In den Beispielen der symmetrischen Anordnung (Abb. 6) befinden sich die Punkte (man kann sie sich auch als Blumen vorstellen) in völligem Gleichgewicht. Verändern wir die Stellung einer Blüte oder auch ihre Größe, wird diese Symmetrie gestört. In Abbildung A sind alle Blumen gleich lang, sie wirken in dieser Anordnung uninteressant. Dasselbe gilt für B und C; die Blumen sind in gleichen Abständen angeordnet. Bei D haben wir schon ein Dreieck, doch wenn man die Punkte oder auch die Blumen mit einer Hilfslinie verbindet, so ergibt sich ein gleichseitiges Dreieck. Diese Anordnung wirkt ebenfalls langweilig.

2. Asymmetrische Anordnung

In der Blumenkunst liegt unser Interesse vorwiegend in der asymmetrischen Anordnung (Abb. 7).
In diesen Beispielen sind die Stellungen der Punkte verändert und schaffen damit eine asymmetrische und interessante Anordnung, die optisch im Gleichgewicht steht. Diese Abbildungen zeigen, daß durch eine kleine Veränderung in der Stellung und auch im Abstand Abwechslung in die Aufstellung gebracht wird. Nun wirkt das Gebilde lebendig und interessant.
Wenn man mit einer Hilfslinie die drei Punkte (Blüten) verbindet, ergibt sich ein ungleichseitiges Dreieck: ein Prinzip der Blumenkunst. Es kommt darauf an, die Blumen so zu stellen, daß sie sich aufeinander beziehen und Spannung herstellen und daß ein optisch scheinbares Gleichgewicht entsteht. Nichts ist langweiliger in einem Arrangement, als mehrere Blumen in gleicher Höhe, Länge, Größe und im gleichen Abstand anzuordnen.

Statische und dynamische Gestaltung
Wir unterscheiden in der Blumenkunst zwischen statischem und dynamischem Aufbau.

Horizontale Linie –
ruhend, still
unbegrenzt, bescheiden.

Vertikale Linie –
aufrichtig, bestimmt,
klar, kräftig, stabil.

Schräge Linie –
verzichtet
auf Stabilität.

Kreis –
geschlossen, umfassend,
bergend, zwingend,
bannend.

Zickzacklinie –
nervös,
unsicher.

C-Kurve –
vital, fröhlich,
beschwingt.

S-Kurve –
fraulich, elegant,
zart, anmutig.

Spirale –
sich loslösend vom
Zentrum oder sich
steigerndes Gebundensein.

Verschlungene Linie –
sich umschreibend,
romantisch.

Abb. 5

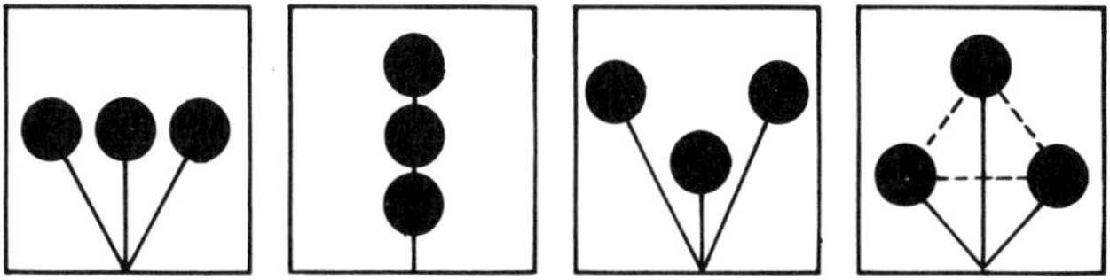

A B C D

Abb. 6 Symmetrische Anordnung

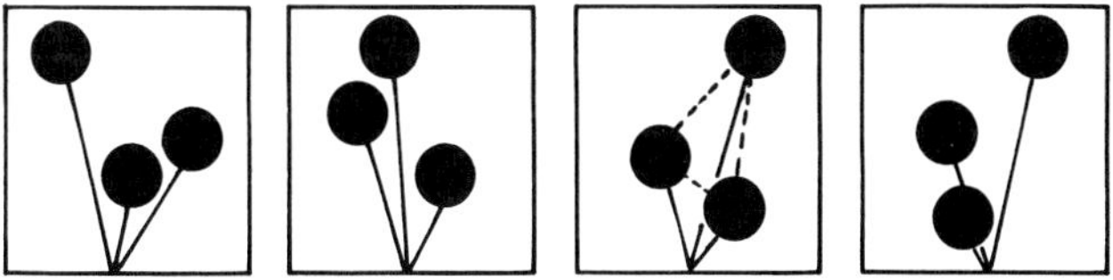

A B C D

Abb. 7 Asymmetrische Anordnung

a) Statisch bedeutet ruhend, unbeweglich und starr. Arrangements solcher Art wirken ruhig, aber auch sehr steif.
b) Dynamisch dagegen ist bewegt, rhythmisch und kraftvoll.
Beispiele:
Die Komposition steht in einer statischen Gestaltungsweise und wirkt ruhend und unbeweglich (Abb. 8).
In einer Komposition eines Blumenarrangements ist das dynamische Element vorherrschend; es ist voller Spannung und drückt Bewegung und Rhythmus aus.
Abbildung 9 zeigt die Bewegung durch entsprechende Anordnung der Blumen und Zweige. Die Bewegung, die man erreicht, ist im Grunde der Hauptbestandteil einer Komposition.

Form
ist dreidimensional und besteht aus Höhe, Breite und Tiefe.
In der Blumenkunst müssen wir auch stets auf die plastische Form und den Raum achten. Auf diese Weise vermeidet man flache Arrangements. Jede Blume nimmt einen Raum ein und ist von Raum umgeben. Dieses Räumliche muß in einem Arrangement zum Ausdruck kommen. Der Raum zwischen den Blumen ist wichtig, er drückt Gedanken aus. Wir müssen eine Blume also so stellen, daß der Eindruck entsteht, daß jede einzelne Blume eine räumliche Ausdehnung hat. Kombinieren wir mehrere Blumen und Zweige miteinander, so muß auch das Verhältnis zueinander deutlich zum Ausdruck kommen. Wir überlegen uns, welche Blumen und Zweige im Vordergrund und welche im Hintergrund stehen sollen und wie groß ihr Abstand voneinander sein soll. Natürlich müssen die Blumen und Zweige im Hintergrund länger sein als jene im Vordergrund, damit sie durch die vorderen Blumen und Stiele nicht verdeckt werden.

Proportion
Durch den größten Zweig wird die Proportion zur Vase oder Schale festgelegt. Die richtige Höhe muß man in jedem einzelnen Fall ausprobieren.
In der japanischen Blumenkunst sind bestimmte Maße vorgeschrieben, in welchen das Verhältnis der Blumen zur Vase

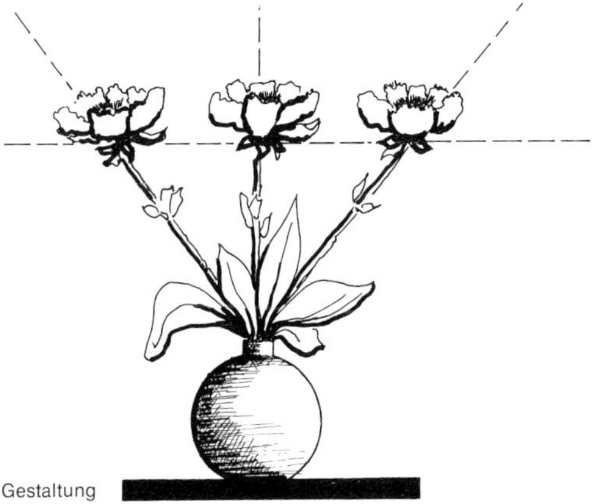

Abb. 8 Statische Gestaltung

Abb. 9 Dynamische Gestaltung

stehen soll. Man sagt, daß die Zweige oder Blumen zweieinhalbmal so hoch wie die Vase sein sollen. Bei einer Schale wird der zweieinhalbfache Durchmesser plus Höhe gemessen. Daran hält man sich jedoch selten, denn es kommt auch wieder auf die jeweilige Aussagekraft an.
Erwägen wir also und probieren wir aus, welche Länge des Zweiges oder der Blume den Dimensionen des Gefäßes angemessen ist. Man wird keine riesigen Gladiolen in eine kleine Schale stecken!
Hat man nun die Größe des ersten Zweiges festgelegt, so fügt man den mittleren und den niedrigsten Zweig hinzu. Wirkt das Arrangement so noch zu kahl, gibt man den Hauptelementen noch Hilfselemente bei. Die Hauptzweige müssen aber kräftiger sein als die Nebenzweige.
Wichtig ist, daß erst einmal der Grundaufbau des Arrangements und die richtigen Proportionen durch Wurzeln, Zweige und Blumen festgelegt sind. Dann können Blumen und Blätter hinzugefügt werden.

Komposition
Der Künstler ordnet empfindungsvoll die Auswahl des Materials (Blumen, Pflanzen und Gefäße) und bringt seine Idee wirkungsvoll zum Ausdruck. Die Schönheit eines Arrangements hängt zum größten Teil davon ab, wie die Blumen und Zweige komponiert sind. Zweige und Blumen müssen so gesteckt werden, daß ihre charakteristischen Formen und Strukturen deutlich zu erkennen sind. Betrachtet man die Pflanze erst von jeder Seite, so wird man sehen, welche Linien und Formen am besten zum Ausdruck kommen. So wird die Blume ihre volle Wirkung entfalten.
Komposition bedeutet also das Zusammenspiel von Formen, Linien und Farben zu einem harmonischen Ganzen. So wie ein Komponist seine Noten zu einem Musikstück zusammenfügt, ordnen wir die Blumen und Zweige an. Eine wirkungsvolle Komposition ist in erster Linie von der Anordnung der Blumen und Zweige und ihrer Größe abhängig, ihrer Bedeutung und ihrem Verhältnis zum Gefäß. Jedes Blumenarrangement entsteht aus einer Stimmung oder Empfindung, die wir vermitteln

Abb. 10
Die Proportion der Blumen zum Gefäß ist bei A zu lang und bei B zu kurz.
C zeigt ein gutes, angenehm wirkendes Verhältnis zum Gefäß.

möchten. Deshalb sollten wir nur die Pflanzen und Blumen auswählen, die unserer individuellen Empfindung entsprechen.

Den Mittelpunkt oder Schwerpunkt einer Komposition schafft man zum Beispiel durch eine große, kräftige Blüte, indem man diese in einer anderen Farbe wählt und sie dadurch hervorhebt. Dagegen verwendet man nach außen hin kleinere, zarte und knospige Blüten.

Einem Arrangement kann mehr Ausdruck verliehen werden, wenn große und kleine Blüten, aufgeblühte und knospige zugleich ausgewählt werden. Wir können selbst bestimmen, worauf die Aufmerksamkeit des Betrachters gelenkt werden soll. Der Blick soll einen Ruhepunkt finden, auf dem er lange verweilen kann.

Auch Gegenüberstellungen von Wurzeln und Blumen, also von Starkem und Zartem, steigern die Kontraste und können eine vollendete Harmonie bewirken.

Größe und Anordnung eines Arrangements dürfen niemals dem Zufall überlassen werden. Kann man erst einmal die Grundregeln der Komposition in der Praxis anwenden, so wird es leichter sein, die Vorstellungen und Empfindungen zum Ausdruck zu bringen, d. h. das, was wir vermitteln möchten.

Farbe

Durch den Anblick der Farbenpracht der Blumen werden in uns Empfindungen hervorgerufen. Farben können uns heiter oder traurig stimmen, aufregen oder beruhigen. Für die alten Kulturen hatten die Farben rein symbolische Bedeutung, sie galten als sekundäre Eigenschaften eines Körpers. Im Jahre 1667 zerlegte Newton das weiße Licht mit Hilfe eines dreikantigen Prismas in die Farben des Spektrums (von Rot über Orange, Gelb, Grün, Blau bis Violett). Er wies nach, daß jede Farbe von einer genauen Wellenlänge und Schwingung bestimmt wird, und ordnete die Farben in die Gesetze der Physik ein. Goethe gab sich im Jahre 1810 nicht damit zufrieden, die Farben rein physikalisch zu sehen, denn ihm ging es um ein geschlossenes Ganzes, um die «sinnlich-sittliche» Wirkung der Farben, d. h. die Wirkung der Farben auf unsere Psyche und unseren Geist.
Alle farbigen Objekte enthalten Pigmente, die bestimmte Farbstrahlen reflektieren und andere absorbieren. Wenn wir sagen, die Blume ist rot, so bedeutet das, daß das Pigment alle Lichtstrahlen in der Blume absorbiert, außer den roten. Alle Stoffe sind farblos, und wir brauchen das Licht, um die Farben wahrnehmen zu können.
Die Wirklichkeit einer Farbe ist nicht immer identisch mit ihrer Wirkung. Itten sagte: «Eine Farbe kann erst durch ihre Beziehung zu einer Nichtfarbe wie Schwarz, Weiß, Grau oder zu einer zweiten oder mehreren Farben ihren Wert erhalten. Eine Linie wird von uns lang empfunden, wenn eine kürzere zum Vergleich daneben ist. Die gleiche Linie erscheint kurz, wenn eine längere daneben steht.»
Die Wirkung der Farbzusammenstellungen in einem Blumenarrangement beruht nicht auf dem Ausdruck jeder einzelnen Farbe für sich, sondern hängt von dem Zusammenwirken der Farben untereinander ab.

Die psychologische Wirkung der Farben

Lebhafte und leuchtende Farben stimmen uns heiter und fröhlich oder regen uns auf, während kühle, zurückhaltende Farben uns beruhigen. Auch die wechselnden Farben, die das Wetter erzeugt, haben eine starke Wirkung auf uns. Ein heller, sonniger Tag, der alle Farben aufleuchten läßt, stimmt uns optimistisch und fröhlich. Ein regnerischer, trüber und lichtarmer Tag kann ausgesprochen deprimierend sein.

Trotzdem kann aber auch eine Farbe entgegengesetzte Wirkungen hervorrufen. Der Anblick eines tiefblauen Sees läßt uns an einem kühlen Wintertag frösteln, doch an einem heißen Sommertag wirkt er erfrischend und verlockend. So kann man zum Beispiel im Sommer an heißen Tagen ein Arrangement in einer großen Schale so anordnen, daß eine große Wasserfläche zu sehen ist, denn diese wirkt erfrischend und kühl. Im Winter dagegen könnte man bei diesem Anblick frieren.

Das warme Rot des Feuers ist im Winter angenehm, aber an einem heißen Sommertag wirkt es sehr erdrückend.

Beispiele:

Rot (warm)	– ist aktiv, aufregend, freudig, leidenschaftlich
Gelb (warm)	– stimmt heiter, sonnig, anregend, lebhaft und auch leichtsinnig
Orange (warm)	– frisch, ist beschwingt, aktiv und froh, optimistisch
Violett (warm)	– ist geheimnisvoll, würdig, vornehm, fraulich, edel, andächtig, feierlich
Blau (kalt)	– wirkt ernst, gemütvoll, klar, besänftigend, ruhig, passiv, sehnsüchtig, bedeutet Ruhe und Entfernung
Grün (kalt)	– beruhigt, wirkt entspannend, jung, friedlich, sanft
Grau	– ist willenlos, eine friedliche, ausgleichende Farbe
Schwarz	– ist absolut, ewig, hoffnungslos, verzweifelt

Die Farbe besitzt drei Eigenschaften: Farbton, Tonwert und Intensität. Die einzelnen Farben werden nach ihrem Farbton

Abb. 11
Dieselbe rote Blume erhält auf einem anderen Hintergrund jeweils einen anderen Klang:

A Vor der weißen Wand wirkt sie dunkel.

B Vor einem schwarzen Hintergrund scheint sie dagegen heller zu sein.

C Dasselbe Rot auf einem dunkelroten Hintergrund wirkt schwach und still, weil es im Farbkreis nebeneinanderliegt.

D Außer dieser Schwarzweißbeeinflussung leuchtet die rote Blume besonders intensiv auf ihrer Komplementärfarbe Grün. Die natürlichen Kontraste aller Komplementärfarben steigern ihren Farbwert zu höchster Intensität. Will man das Rot einer Blume besonders hervorheben, so gibt man ihr einen Hintergrund aus grünen Blättern. Fügen wir eine weiße Blume hinzu, so wird die Leuchtkraft der anderen Farben noch mehr gesteigert. Auch vor einer pastellfarbenen Tapete treten weiße und helle Blumen stärker hervor.

Abb. 12
A zeigt, daß eine warme Farbe auf einem kalten Hintergrund (Gelb auf Violett) uns näher und größer erscheint und die Konturen deutlicher zu sehen sind. Umgekehrt erscheint das Violett auf Gelb weiter und kleiner (B).
C Dasselbe Grün auf dunklem Hintergrund wirkt heller als auf der gelbgrünen Fläche (D), wo es dunkler und blauer erscheint.

A

B

Abb. 13
Hier läßt die dunklere Umgebung das gleiche Orange heller und die hellere Umgebung das Orange dunkler erscheinen.

benannt. Durch ihn unterscheiden sie sich voneinander. Der **Farbton** ist also das, was einer Farbe den nur ihr eigenen Farbcharakter verleiht, ganz gleich, ob sie hell oder dunkel ist. Die Farbtöne, die auf dem Farbkreis nebeneinanderliegen, ähneln sich sehr, doch die Farben, welche weit voneinander entfernt liegen, haben kaum noch Beziehung zueinander. Der Kontrast der sich gegenüberliegenden Farben (Komplementärfarben) ist am stärksten. Mischt man zwei Komplementärfarben miteinander, so ergibt sich ein dunkles Grau.

Der **Tonwert** ist der Helligkeits- oder Dunkelheitsgrad einer Farbe. Die Farben werden durch Weiß aufgehellt oder durch Schwarz dunkler. Der Farbton bleibt der gleiche, nur der Tonwert wird verändert.
Der Begriff der **Intensität** umfaßt Stärke, Sättigungsgrad und Reinheit der Farbe. Ein reines Gelb von starker Intensität wird gelber empfunden als ein Gelb, das mit Schwarz gemischt ist. In der Natur können wir die Veränderung der Intensität wahrnehmen; die Blätter der Bäume im Frühling sind von einem intensi-

Abb. 14
Der abgebildete Farbkreis besteht aus 12 verschiedenen Farbtönen. Die drei Grundfarben sind Gelb, Rot und Blau. Man nennt sie auch Primärfarben.
Mischt man zwei Primärfarben zusammen, so erhält man eine neue Farbe: Gelb und Rot = Orange, Blau und Rot = Violett, Gelb und Blau = Grün.
Orange, Violett und Grün bezeichnet man als Sekundärfarben. Vermischt man Primär- und Sekundärfarben miteinander, erhält man 6 weitere Farben: Gelbgrün, Blaugrün, Blauviolett, Rotviolett, Rotorange, Gelborange.

ven Gelbgrün (Maigrün), in den Sommer hinein verlieren sie allmählich ihre Leuchtkraft und wechseln in ein stumpfes Graugrün über. Im Herbst verändert sich ihr Farbton wieder in Gelb, Orange, Rot, dann verblassen aber auch die Farben und werden zu einem Graubraun.
Diese Beobachtung der Jahreszeiten ist auch in der Blumenkunst wichtig. Wir sollten es uns deshalb auch zum Prinzip machen, die Blumen der entsprechenden Jahreszeit zu verwenden. Chrysanthemen, die im Treibhaus zu jeder Jahreszeit gezüchtet werden, blühen in der Natur niemals im Frühling; es sind ausgesprochene Herbstblumen. Den Vorfrühling kann man in einem Arrangement aus vorgetriebenen Kirschzweigen, Forsythienzweigen, Kastanienzweigen oder Mandelbäumchen darstellen. Tulpen und Osterglocken gibt es auch schon sehr früh. In der Frühlingszeit gibt es dann unendlich viel verschiedene Blütenzweige und Blumen.
Der Sommer ist reich an kräftigen Farben. Der Herbst läßt sich durch buntes Laub und Beerenzweige versinnbildlichen. Dahlien, Astern und Gladiolen blühen bis in den Herbst hinein. Die Chrysanthemen können vom Herbst bis in den Winter verwendet werden.
Blüten findet man in allen Farben außer Grün. Die Natur hat die grüne Farbe vorwiegend den Blättern, Gräsern und Knospen vorbehalten, die es in unzähligen Farbabweichungen gibt.

1. Farbton = das charakteristische Aussehen einer Farbe wie Rot, Gelb, Blau, Grün.
2. Tonwert = der Helligkeits- oder Dunkelheitsgrad einer Farbe
3. Intensität = die Stärke oder Reinheit einer Farbe

Der Farbkreis teilt sich in warme und kalte Farben auf. Die eine Hälfte von Gelb bis Rotviolett sind warme Farben, die andere von Violett bis Gelbgrün sind kalte. Am wärmsten wirken die Farben um Orange, am kältesten die um Blau. Durch die warmen und kalten Farben werden in uns Empfindungen ausgelöst. Warme Farben erinnern uns an Feuer, kalte Farben an einen tiefen, kühlen See. Jede Farbe wiederum hat eine kalte und eine warme Nuance. Das Grün, das bei Gelb liegt, ist relativ warm, während das Grün in der Nähe von Blau ausgesprochen kalt ist. Genauso ist es bei Violett und Rot. Theoretisch sind Weiß, Schwarz, Grau keine Farben mehr. Es fehlen ihnen die Farbeigenschaften Farbton und Intensität.

Harmonie der Farben ist das Zusammenwirken von zwei oder mehreren Farben. Johannes Itten: «Meistens werden von Laien Farbzusammenstellungen als ‚harmonisch' bezeichnet, die ähnliche Farbcharaktere und gleiche Tonwerte verschiedener Farben zeigen. Es sind dies Farben, die ohne starke Kontraste nebeneinanderstehen. Im allgemeinen betreffen die Aussagen ‚harmonisch – disharmonisch' nur den Gefühlsbezirk ‚angenehm – unangenehm' oder ‚sympathisch – unsympathisch'. Solche Urteile sind persönliche Meinungen ohne objektiven Wert. Der Begriff der Farbenharmonie muß aus der subjektiv bedingten Gefühlslage herausgehoben werden in eine objektive Gesetzmäßigkeit. Harmonie heißt Gleichgewicht, Symmetrie der Kräfte.»
Wenn wir einige Zeit ein grünes Quadrat betrachten und dann die Augen schließen, so erscheint uns im Auge als Nachbild ein rotes Quadrat. Schauen wir lange auf ein rotes Quadrat, so sehen wir als Nachbild ein grünes. Das Auge erzeugt und fordert die Komplementärfarbe, es versucht, das Gleichgewicht wieder herzustellen. Eine Farbe, die mit ihrer Komplementärfarbe zusammengemischt wird, ergibt die Mischung Grauschwarz, d. h. dieses mittlere Grau erzeugt einen völligen Gleichgewichtszustand im Auge und entspricht unserem optischen Sinn.
Die Farbzusammenstellung eines Arrangements muß in diesem Sinne nicht unbedingt harmonisch sein. Auch mit einer begrenzten Anzahl von Farben, die z. B. im Farbkreis nebeneinanderliegen oder verwandt sind, kann man eine erstaunliche Wirkung erzielen. Ein wichtiger Faktor ist das richtige Zusammenstellen der Blumen und Farben. Oft neigt man dazu, viele verschiedene Farben zu verwenden, doch kann man sich auch die unzähligen Farbabstufungen zunutze machen, die sich durch Variationen von Tonwert und Intensität ergeben.

Komplementärfarben
Psychologisch gesehen ergeben zwei Komplementärfarben einen angenehmen Kontrast. Zwei nebeneinandergesetzte Komplementärfarben steigern sich zu höchster Leuchtkraft. Wie wir bereits wissen, verlangt unser Auge von der gegebenen Farbe ihre Komplementärfarbe.
Verwendet man in einem Blumenarrangement reine und satte Komplementärfarben, so wirkt das Gebilde leicht zu aufregend.
Um aber eine ruhigere Wirkung zu erreichen, gibt man der einen Komplementärfarbe eine hellere und der anderen eine dunklere Tönung. Beim Kombinieren von Blättern sollte man sich möglichst nur auf **ein** Grün beschränken, weil mehrere grüne Töne zu sehr mit den Blumen konkurrieren. Es wäre sinnvoll, sich bei der Einrichtung der Wohnung (Gardinen, Teppiche, Wände und Möbel) möglichst auf zurückhaltende Farbtöne zu beschränken, um durch einen ruhigen, neutralen Hintergrund Möglichkeiten für wirkungsvolle Farbeffekte durch Blumen und Bilder zu schaffen.
Komplementärfarben sind zum Beispiel: Gelb – Violett, Rot – Grün, Blau – Orange.

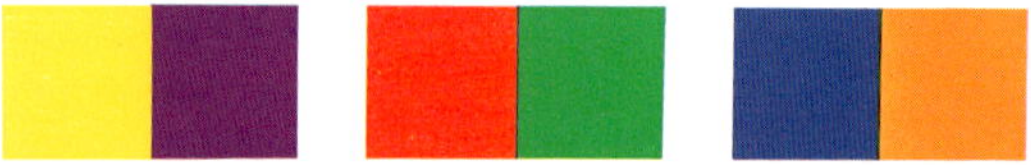

Abb. 15
Diese Farben liegen sich im Farbkreis gegenüber. In diesem sind alle drei Grundfarben enthalten: Gelb, Rot und Blau.

Material

Die Auswahl des Materials in der Blumenkunst ist vielfältig. Wir finden dieses vorwiegend in der Natur, z. B. Baummaterial, Pflanzen und Blumen. Beispiele: Baumwurzeln, dürre Äste,

bemooste Zweige, Rinde, Kiefer, grüne Zweige, Blütenzweige, Gräser, Getreide, Beerenzweige, Herbstlaub, Blätter und Blumen.
Ein Blumenarrangement bekommt erst dann seinen Reiz, wenn Blumen mit Baummaterial oder Blättern kombiniert werden. Die Blumen gewinnen durch den Gegensatz mehr Aussagekraft. Zu viele verschiedenartige Blumen und Pflanzen zusammengesteckt, können leicht zu einem «Etwas» werden und vermindern die Aussagekraft. Hier trifft auch das Sprichwort zu: «Weniger ist mehr.» Ratsam ist es, höchstens 3 bis 4 verschiedene Materialien zu verwenden.
Durch das Material wird unsere Phantasie angeregt. Alle Formen und Farben sollen Gefühle übersetzen. Die schöpferische Tätigkeit wird durch Empfindung, Stimmung und Nachdenklichkeit angeregt. Unsere Aufgabe ist es, unser Arrangement durch einfache Formen zu gestalten, damit die Schönheit des Materials voll zur Geltung kommt.

Das Vorbereiten der Blumen

Beim Gestalten eines Blumenarrangements müssen wir darauf achten, daß die beabsichtigten Linien der Blumen und Zweige in ihrer Struktur deutlich zu erkennen sind, deshalb müssen wir oft störende Zweige, Blätter oder sogar Blüten sorgfältig entfernen. Die Pflanzen sind nicht immer so gewachsen, wie wir sie brauchen. Auch beschädigte oder zerdrückte Blätter und Blumen müssen wir abschneiden. Der Anfänger sollte sich zunächst an große, dekorative Blüten halten, wie Päonien, Lilien, Chrysanthemen, Dahlien, Rosen, Gladiolen, Sonnenblumen, Iris und Tulpen.

Das Biegen

Heute geht man schon so weit, daß man zu einem Arrangement Eisen, Draht, Glas und Wolle verwendet. Diese Materialien können beliebig gebogen werden. Für die traditionellen Ikebana-Stile müssen oft die Zweige und Blumen in die gewünschte Richtung gebogen werden. Dies erfordert jedoch sehr viel Geduld und Einfühlungsvermögen und eine lange Praxis, damit man keine Blätter und Blumen verletzt oder gar den Zweig zerbricht. Das Biegen erreicht man nur bei weichen Zweigen und Blumenstielen; dies sollte jedoch nur so weit ausgeführt werden, solange die Eigenart der Pflanze dadurch nicht zerstört wird. Der freie Stil erlaubt unendlich viele Variationen der Linien. Wenn wir bewußt in der Natur nach geeigneten Formen suchen, so werden wir feststellen, daß die Natur die Quelle der Einfälle ist. Durch das Knicken von Zweigen und Gräsern zerstören wir den natürlichen Wuchs der Pflanzen. Etwas anderes ist es, wenn wir einen Zweig finden, der in seinem Wachstum behindert war und dadurch verwachsen ist. Z. B. kann man beobachten, daß bei einem großen, ausgewachsenen Ritterspornstrauch kleinere nachkommende Triebe es schwerer haben, ans Licht zu kommen. Durch diese Behinderung wachsen oft sehr verschlungene Zweige, um dann das Licht zu erreichen. Die Natur gibt uns viele Möglichkeiten, schwungvolles Material zu finden.

Das Frischhalten der Blumen

Schneidet man Blumen in einem Garten, dann sollte man dies morgens oder abends tun (wenn es kühl ist).

Bevor wir mit einem Blumenarrangement beginnen, müssen die Blumen und Zweige gut versorgt werden. Kauft man die Blumen in einem Geschäft oder pflückt man sie selbst im Garten, sie müssen auf jeden Fall schräg angeschnitten werden und tief in kaltes Wasser und an einen kühlen dunklen Ort gestellt werden, und zwar mindestens 3 Stunden. Es empfiehlt sich, das Anschneiden unter Wasser vorzunehmen, da dann in die Poren keine Luft mehr eindringen kann und die Pflanzen so genügend Wasser aufnehmen. Sind Blumen einmal welk geworden, so legt man sie Kopf an Kopf zusammen und wickelt sie von der Blüte bis zur Hälfte der Stiele fest ein. (Man nennt dies: eine Manschette um die Blumen legen.) Dann werden sie schräg angeschnitten, in lauwarmes Wasser gestellt und anschließend kühl und dunkel aufbewahrt. So werden sie sich schnell erholen. Bei welkem Flieder, Dahlien oder Chrysanthemen hält man die angeschnittenen Stiele 3 Sekunden in kochendes Wasser und stellt sie anschließend tief in lauwarmes Wasser. Das kochende Wasser steigt schneller in die Blüten. Schnittblumen

sollte man nicht Wind und Sonne aussetzen, dadurch werden sie sehr leicht welk.
Schalen, Vasen und Kenzane müssen immer sorgfältig gesäubert werden. Auch das Wasser sollte alle zwei Tage, im Sommer jeden Tag, erneuert werden, damit sich nicht so viele Bakterien entwickeln können, denn dadurch wird die Lebensdauer der Blumen verringert. Will man nun nicht täglich das Blumengebilde auseinandernehmen, um die Schale mit frischem Wasser zu füllen, so gibt es dafür eine Art Gummiball mit einem Röhrchen daran, womit man das Wasser aus dem Gefäß saugen kann. Blätter, die unter Wasser stehen, müssen entfernt werden, damit sie nicht faulen.

Gefäße

Beim Kauf von Vasen und Schalen müssen wir auf die material- und werkgerechte Gestaltung und die formale Schönheit achten. Gefäße aus Holz sind an den Charakter des Materials gebunden, ebenso wird beim Glas die Form durch die Arbeitsgänge beim Blasen bestimmt. Dies ist holz- oder glasgerecht. In Ton kann fast jede Form gebildet werden. Die Grenzen liegen im Praktischen und Ästhetischen. Die Rundform der Keramik kennt man nicht erst seit der Erfindung der Drehscheibe, sondern man findet sie schon bei den ältesten, vorzeitlichen Töpfen. Die weiche Rundung ist auch bestimmend bei material- oder werkgerechten Tongefäßen. Der Beschauer oder Benutzer eines Tongefäßes muß das Gefühl haben, daß die Form durch das Auf- und Abgleiten der menschlichen Hände entstanden ist. Die Ostasiaten sind vorbildlich in der Herstellung wirklich guter keramischer Formen.
Metallgefäße findet man oft in Knickformen und meistens mit Henkeln, die durch Nieten angebracht werden.
Für ein Blumenarrangement wählt man am besten Gefäße in zurückhaltenden Farben. Tongefäße passen in der erdfarbenen Tönung sehr gut zu Blumen, Wurzeln und Zweigen, weil sie noch eine natürliche Beziehung zueinander haben; zu Tongefäßen passen fast alle Blumen. Apfelblüten- und Kirschblütenzweige können in einem Tongefäß sehr harmonisch wirken, gerade durch den Gegensatz zwischen grob und zart.

In einem schwarzen oder weißen Gefäß sehen Blumen sehr feierlich aus. Stark bemalte, bunte Vasen eignen sich weniger für ein Arrangement, denn sie konkurrieren zu sehr mit den Blumen.
Wenn wir uns einmal im Haushalt umschauen, dann werden wir bestimmt auch viele brauchbare Gefäße finden, z. B. alte Steinguttöpfe, eine gutgeformte Flasche, eine einfache Schale oder einen Korb. Blumenpokale mit langen Stielen eignen sich gut für herunterhängende Zweige und Blumen.
Im traditionellen Ikebana ist für jeden Stil eine bestimmte Gefäßform vorgesehen. Im freien Stil sind jedoch keine Grenzen gesetzt (siehe auch Abb. 16).

Werkzeug

Zu jeder Kunst gehört Handwerkszeug. Wir benötigen zur Blumenkunst eine Rosenschere, mit der man mühelos kleine Zweige schneiden kann, ein scharfes Messer zum Anschneiden der Blumen, eine kleine Säge, um damit dickere Zweige sägen zu können, Wickeldraht zum Befestigen von Zweigen als Blumenhalter für Vasen, eine Zange und dann natürlich Kenzane in verschiedenen Größen.
Der Anfänger sollte erst mit dem Arrangieren in Schalen beginnen, denn auf einem Kenzan zu stecken ist leichter, als einen Blumenhalter in einer Vase zu befestigen. Kenzane, auch Blumenigel genannt, sind in unterschiedlichen Größen und Formen erhältlich. Es sind schwere Bleiklötze mit aufgespickten Messingnadeln. Diese Kenzane gibt es mit Nadeln in verschieden dichten und hohen Ausführungen. Achten wir darauf, daß wir am Anfang möglichst Kenzane mit hohen und dichten Nadeln kaufen, denn darauf läßt es sich leichter stecken. Je nach Größe des Arrangements wählen wir die Größe des Kenzans. Bei schweren Blumen und Zweigen verwendet man zwei bis drei Kenzane und beschwert sie nochmals, indem man einen vierten umgekehrt auf die andern steckt.
Den Kenzan sollte man in einem Arrangement möglichst nicht sehen. Mit ein paar Blättern oder Kieselsteinen läßt er sich geschickt verdecken. Steine geben außerdem noch einen schö-

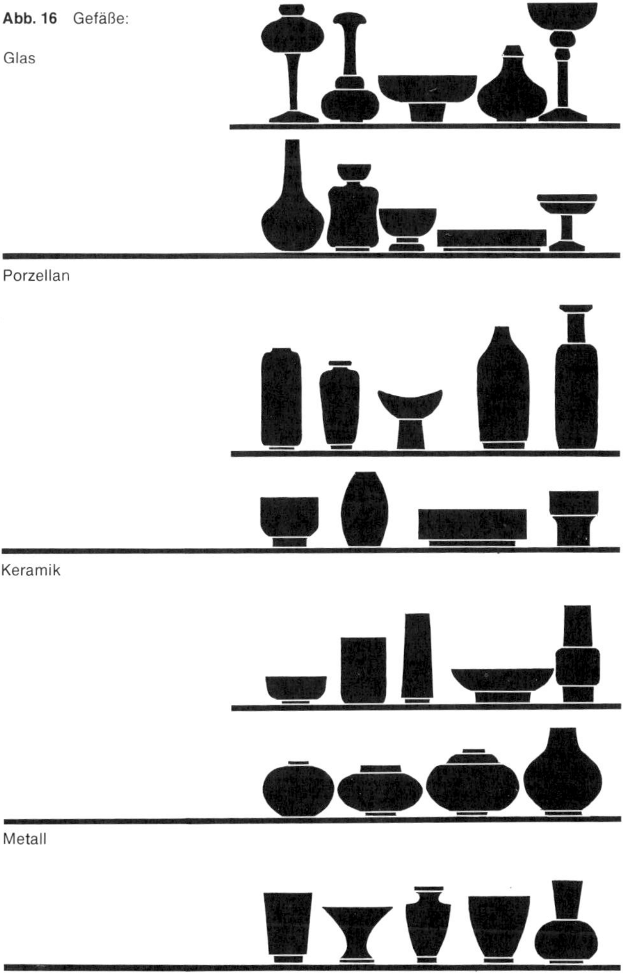

Abb. 16 Gefäße:

nen Effekt. Die Kenzane wie auch das Werkzeug müssen immer gut gepflegt werden, damit sie nicht rosten.
Es werden auch Plastikkenzane angeboten, doch auf diesen finden die Blumen keinen Halt, weil die Plastiknadeln ausweichen.

Abb. 17
Werkzeug:
A Rosenschere
B Beißzange
C Flachzange
D Messer

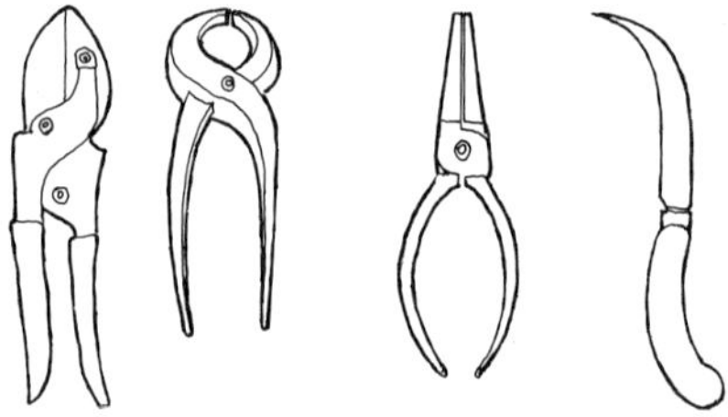

A B C D

E Blumenigel (Kenzane) in verschiedenen Formen und Größen

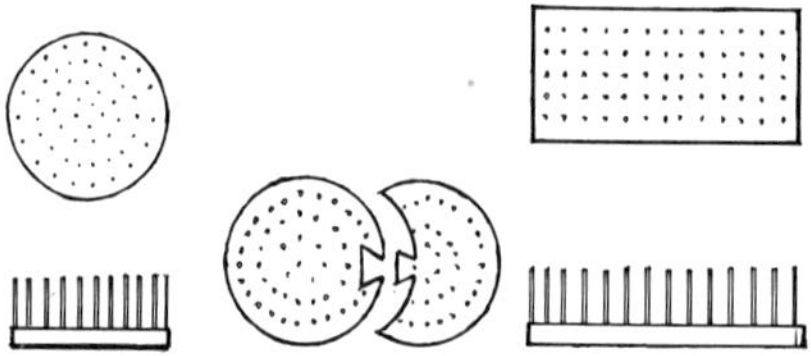

E

F Gummiball zum Besprühen der Blumen und zum Absaugen des Wassers aus Schalen

G Blumendraht zum Befestigen von Zweigen

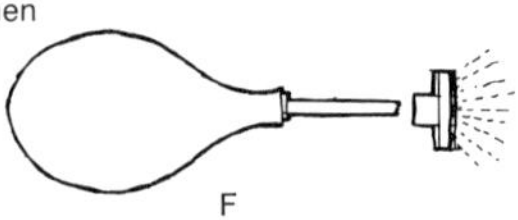

F

G

Technik des Steckens

Die Blumen werden gerade abgeschnitten und gleich in der gewünschten Richtung auf den Kenzan gesteckt. Zweige müssen dagegen schräg abgeschnitten werden, weil ihre harten und dicken Stiele sich sonst nicht auf dem Kenzan befestigen lassen. Durch das schräge Anschneiden des Zweiges entsteht ein Keil. Dieser wird senkrecht auf den Kenzan gesteckt und dann in die gewünschte Richtung gedrückt. Falls Blumenstiele einmal zu dünn sind, um in dem Kenzan Halt zu finden, nimmt man einen dickeren, hohlen Stiel einer anderen Pflanze und steckt sie hinein.

Das Arrangieren in Vasen erfordert mehr Übung. Hierfür benötigt man kleine Zweigstücke, die für den Blumenhalter verwendet werden. Diese werden nach dem Vasendurchmesser zugeschnitten. Die Stiele der Zweige oder Blumen werden gespalten und auf das Zweigstück gesteckt, wenn nötig auch mit Draht befestigt. Das Ganze wird in das Gefäß geführt, und die beiden Enden der Zweigstücke werden fest an den inneren Rand der Vase gepreßt (Abb. 18).

Abb. 18

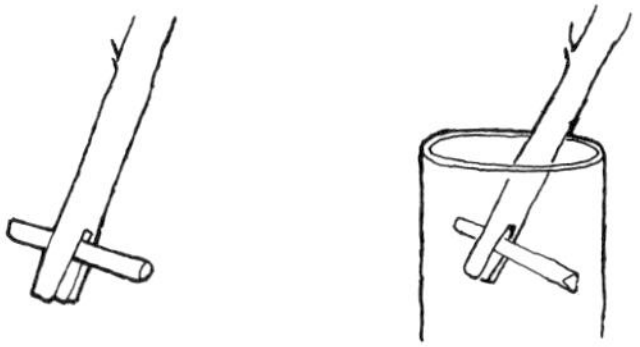

Standort

Beim Gestalten eines Blumenarrangements muß der jeweilige Standort in Betracht gezogen werden. Arbeiten wir also an Ort

und Stelle, wo einmal das Gebilde stehen soll. Das Blumenarrangement soll auch mit der Atmosphäre seiner Umgebung übereinstimmen. Nur in einem Raum, der unserer Persönlichkeit entspricht, kann ein schönes Blumengebilde, das unsere Empfindungen ausdrückt, voll zur Wirkung kommen.
Form und Farbe sollten mit dem ausgewählten Platz harmonieren. Ein Arrangement wirkt am besten vor einer schlichten Tapete ohne Muster. Außerdem darf kein Bild dahinterhängen; Bücher in der Nähe stören. Es muß einen ruhigen Platz haben, so daß die Aufmerksamkeit des Betrachters nur auf die Blumen gelenkt wird. Das Blumenarrangement soll der Mittelpunkt des Wohnraums sein.
Jedes Arrangement sieht je nach dem Standort, von dem es betrachtet wird, verschieden aus, ob von vorn, oben, unten oder von den Seiten. Wenn sich die Augenhöhe ändert, so ändert sich auch das Aussehen des Arrangements. Die Ansicht einer Blumengestaltung richtet man am besten dorthin, wo man sich am meisten aufhält und es betrachtet, z.B. einer Sitzgruppe gegenüber. Beim Anordnen ist auch die Höhe des Arrangements zu berücksichtigen, ob es in Augenhöhe, von oben oder unten zu sehen ist. Eine Vase, die auf einem Regal oder Sims steht und zu der man hinaufsehen muß, wird so gesteckt, daß die Blumen nach unten hängen oder blicken. Ein Arrangement auf einem niedrigen Tisch kann hoch und aufstrebend sein und zu uns heraufwachsen. Auf einem Eßtisch sollten die Blumen allerdings niedriger als in Augenhöhe stehen, so daß man sich ungehindert gegenseitig sehen kann. Außerdem wird das Arrangement für einen Eß- oder Couchtisch so angeordnet, daß die Blumen sich nach allen Seiten wenden, dies nennt man «Rundansicht». Dagegen werden auf einem Regal oder Sideboard mit Rückwand die Blumen so angeordnet, daß sie alle nach vorn gerichtet sind, also uns zugewandt. Trotzdem sollen wiederum die Blumen innerhalb des Arrangements miteinander korrespondieren.

Die Ansicht der Blumen

Jede Blume und Pflanze hat mehrere Ansichten oder Gesichtspunkte. Nehmen wir eine Blume in die Hand und drehen sie nach jeder Seite, so werden wir merken, daß sie eine Vorder-, eine Rück- und Seitenansichten hat. Von oben gesehen sieht sie wieder ganz anders aus als von unten. Ähnlich ist es mit den Blättern und Zweigen. So, wie sich die Pflanzen der Sonne zuwenden, sollten sie sich auch im Arrangement uns zuwenden.

Praktische Gestaltung

Bevor wir mit der Arbeit beginnen, müssen wir erst einmal wissen, wo das Arrangement seinen Platz erhalten soll. Danach richtet es sich, wie groß das Gebilde sein muß, ob es hoch, breit oder sogar hängend angeordnet werden soll. Die Farben seiner Umgebung müssen berücksichtigt werden. Das Arrangement soll an dem Platz, den es erhalten soll, gearbeitet werden, so daß es seiner Umgebung angepaßt wird.

Beginnen wir mit kleinen, aber wirklichen Handgriffen! Ein Arrangement schnell zu stecken ist falscher Fleiß. Diese Arbeit erfordert Zeit und Geduld. Das Wichtigste dieser Kunst ist die Ruhe und die Konzentration auf das Werk, es ist eine schweigende Kunst.

Vor Beginn des Gestaltens sollten wir alles nötige Material beigetragen haben, um nicht immer weglaufen zu müssen und somit gestört zu werden.

Haben wir nun alles vor uns liegen, so betrachten wir zuerst einmal jeden Zweig und jede Blume ruhig, indem wir jedes Gestaltungselement einzeln in die Hand nehmen, nach allen Seiten drehen und versuchen, seine Neigung und Beugung zu ergründen. Wir beginnen mit dem größten Zweig; alle Blüten, Zweige und Blätter, welche die Linien eines Zweiges stören oder verdecken, müssen sorgfältig entfernt werden. Das erlernt man nach längerer Erfahrung.

Nach dem größten Zweig werden die zwei weiteren, der mittlere und der niedrige Zweig, hinzugefügt. Die Blüten oder die Enden der Zweige mit einer Hilfslinie verbunden, müssen ein ungleichseitiges Dreieck ergeben. Sieht das Arrangement noch zu mager aus, können noch Blumen und Blätter hinzugefügt werden, die aber in unterschiedlichen Höhen gestellt werden müssen. Die hinteren Zweige werden etwas schräg nach hinten gestellt, damit das Ganze ein Gleichgewicht hat und nicht aussieht, als könnte es jeden Moment nach vorn kippen. Das Ganze muß ein plastisches Gebilde sein und darf nicht flach aussehen. Am besten schaut man es sich ab und zu von der Seite an, so kann man es besser übersehen. Auch ist es ratsam, mal einen Schritt zurück zu tun, um die Proportion zu kontrollieren. Zum Schluß wird das Gefäß mit Wasser gefüllt.

In der praktischen Durchführung können wir mit vielen Gestaltungselementen arbeiten. Dies hängt von dem vorhandenen Material und der momentanen Stimmung ab. Für den Anfang wäre es jedoch ratsam, nur mit drei Elementen zu üben.

Die Abb. 19 zeigt zwei Möglichkeiten, bei welchen der Aufbau mit den drei Hauptelementen dargestellt ist. Die Verbindungslinien dieser Elemente stellen in Grund- und Aufriß ein ungleichseitiges Dreieck dar.

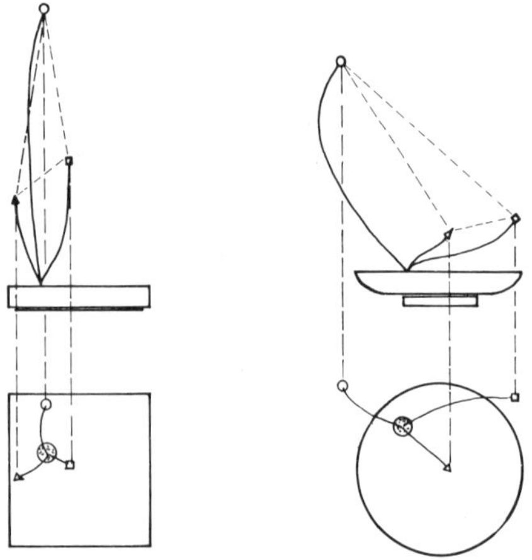

Abb. 19

Mit einiger Erfahrung wird man die Zahl der Elemente selbst bestimmen und wird sich von den Regeln der Grundlehre frei machen, um selbst schöpferisch tätig zu sein.

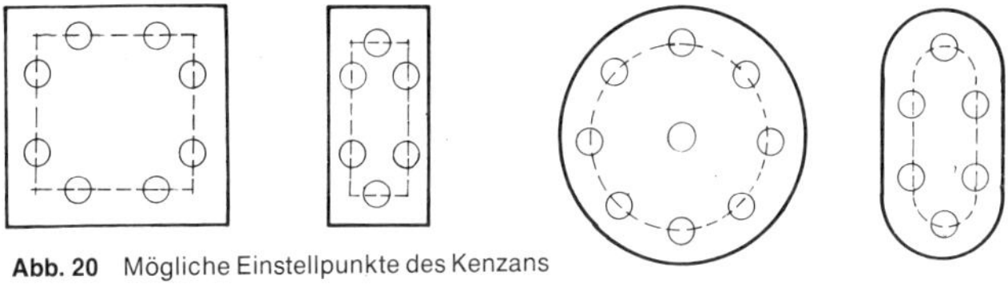

Abb. 20 Mögliche Einstellpunkte des Kenzans

Abb. 20 zeigt die beliebtesten Einstellpunkte für Blumenarrangements in flachen Schalen (quadratisch, rechteckig, rund und oval). Wir sollten darauf achten, daß die Mittelachsen der Schalenflächen nicht als Einstellpunkte verwendet werden. Ausgenommen sind runde Schalen, die in der Mitte eine Vertiefung haben.

Um ein Blumenarrangement sinnvoll gestalten zu können, müssen vorher eingehend die Gesetze der Farben und Formen studiert werden. Dazu möchte ich noch einmal betonen, daß unsere künstlerischen Leistungen nicht nur von der Beherrschung dieser Regeln, sondern auch von der Phantasie, dem Geschmack, der Vorstellungskraft und von eigenständigem Denken abhängen. Die Meisterschaft in der Technik genügt nicht allein, sie läßt uns noch nicht in die Geheimnisse der Kunst eindringen. Ein rein technischer Aufbau ist beziehungslos und kalt. Er dient nur rein dekorativen Zwecken. Das Wesentliche ist, den Geist des Blumenstellens durch eigenes Erleben zu entdecken. Nicht mit vielen Worten kann man diese Kunst erlernen, sondern durch Nachempfinden und Üben, sie muß schweigend erfaßt werden. – Zum Schluß blickt uns das Gebilde an: heiter, trostreich, traurig, spannungsreich, freundlich. Wir sind selbst Betrachter und lassen uns beschenken. Und dieses Arrangement hat etwas mit uns zu tun, weil unsere Phantasie jeweils den Gemütszustand und die Stimmung widerspiegelt.

Wohnen mit der Blumenkunst

Die Blumenkunst wird immer mehr ein Mittel der allgemeinen Erziehung zu Farbe, Form und Harmonie. Durch intensives Beschäftigen mit dieser Materie kann man sich mit der Zeit Geschmack aneignen. Ein geschmackvoll eingerichteter Raum strahlt eine liebenswürdige Atmosphäre aus. Um dies zu erreichen, müssen viele Dinge berücksichtigt werden, vor allem auch die Farbe und der Stil der Einrichtung.
Ein Raum darf nicht mit unzähligen Gegenständen vollgestopft werden. Noch weniger sollten diese Dinge zur Schau gestellt werden. Auch wenn sie noch so teuer sind, zeugen sie noch lange nicht von gutem Geschmack.
Kunstgegenstände müssen in Farbe und Form mit dem Raum harmonieren. In einem Raum, wo man Ruhe finden will, müssen die Farben aufeinander abgestimmt sein, und es müssen klare, ruhige Flächen vorhanden sein. Kunstwerke dürfen nicht zu dicht nebeneinander stehen oder hängen. Ein Kunstwerk braucht sehr viel Platz, um wirkungsvoll zur Geltung zu kommen. Die Wohnung soll kein Museum sein. Bei zu vielen Gegenständen irrt der Blick von einem zum andern, und vom zu vielen Schauen ist man leicht erschöpft, doch die Wohnung soll ein Platz der Erholung und Entspannung sein. Ein Blumenarrangement, richtig im Raum plaziert, kann eine Oase der Ruhe werden und strahlt viel Atmosphäre aus.

Aus Freude über den frühen Frühling entstand diese Komposition unter Verwendung von blühenden Schlehenzweigen und Narzissen. Die Anordnung der linearen Form der Schlehenzweige und der freie Raum zwischen den Linien ergeben eine gesteigert graphische Gesamtwirkung.

Der nach rechts herausragende Zweig hält die Anordnung im Gleichgewicht. Die Narzissen bestimmen die Mitte. Die Form der Schale unterstreicht die Linien der Zweige und schafft somit eine gute Beziehung zwischen Blumen und Gefäß. Der hellblaue Hintergrund deutet einen strahlenden Frühlingshimmel an. Dieses Gebilde vermittelt Heiterkeit.

Material: Schlehenzweige und drei Narzissen

Das Material bestimmt hier die Atmosphäre der Jahreszeit, den vollentfalteten Frühling. Der Japanische Kirschblütenzweig, der in weichem Bogen mit einer schweren Blütendolde weit über den Schalenrand hinausragt, bekommt durch die weißen Lilientulpen an der Basis einen optischen Halt. Das Gebilde erweckt das Gefühl, daß die herunterhängenden Kirschblüten und die Tulpen miteinander korrespondieren. Es bringt Zuneigung zum Ausdruck.
Material: Japanische Kirschblüte, 3 Lilientulpen, Tulpenblätter

Rechte Seite:
Dieses zarte Gebilde zeigt eine starke rhythmische Bewegung. Aus der weißen, kelchartigen Vase heben sich die Ähren der Ziergerste in aufsteigender Bewegung empor. Zwei rosa Rosen und zartrosa Blüten der Weigelia ergänzen diese Komposition. Von den feinen, zartgrünen, bis ins Violett gefärbten Ähren, die beim leisesten Hauch erzittern, geht ein eigenartiger Zauber aus.
Material: Ziergerste, zwei rosa Rosen, Weigelia, Blätter, Blumenkelch

Durch die sparsame Auswahl der Blumen bekommt der dürre Zweig wieder eine sprühende Lebendigkeit. Der schwarze Blumenkelch tritt hierbei in den Hintergrund, damit das Auge nur auf die Gestaltung gelenkt wird. Die Lebendigkeit dieses Gebildes vermittelt uns das Gefühl von junger Schönheit und Vitalität. Das Weiß der Azaleen steigert das Rot der Rose zu höherer Leuchtkraft.
Material: 1 dürrer Zweig, 1 rote Rose, weiße Azaleen, schwarzer Blumenkelch

Rechte Seite:
Bei diesem Arrangement wird sehr deutlich, daß mit wenig Material eine große Wirkung erzielt werden kann. Ein interessant gewachsener Rittersporn ist hier die beherrschende Linie. Eine saftiggrüne Rhododendronblattkrone mit darauf plazierter rosa Rose wurde an der Basis direkt über den Schalenrand gesteckt. So erlebt man die Linie des Rittersporns sehr deutlich; sie gibt dem Ganzen einen optischen Halt. Das Grün der Blätter und das Rosa der Rosen ergeben einen reizenden Farbkontrast. Durch die anmutige Einfachheit erhält das Gebilde eine ästhetische Eleganz.
Material: knospiger, rosa Rittersporn, eine rosa Rose, Rhododendronblätter

Dieses klassische Arrangement ist aufrecht, streng und klar. Die aufstrebende, nach vorn fallende Bewegung der lanzettförmigen Wasserlilienblätter gibt der Komposition ihren eigentümlichen Charakter. Die Schönheit des Materials und die Strenge der Form strahlen Ruhe und Besinnung aus.
Material: Wasserlilienblätter, 2 violette Iris und 1 weiße Pfingstrose

Rechte Seite:
Die elegant geschwungenen Ritterspornzweige bestimmen die Linie des Arrangements und bilden einen großen Raum für die Blüten in der Mitte. Die rosa Farbabstufungen der Pfingstrosen und das Blau des Rittersporns harmonieren gut miteinander.
Material: 2 Rittersporne und 3 Päonien

Dieses Frühsommer-Arrangement hat einen Hauch von Wirklichkeit. Die blühenden Gräser sind so angeordnet, als ob sie sich im leisen Wind wiegten und lassen so den Sommer ahnen. Die sonnige Farbe der Rosen symbolisiert die Wärme.
Material: blühende Gräser, 3 Rosen

Die Gestaltung dieses sommerlichen Arrangements entstand aus linearer Überschneidung. Die Hauptlinien bestehen aus einem geradegewachsenen weißen Rittersporn und einem geschwungenen dürren Ast, der erst Bewegung in das Arrangement bringt. Die drei rosa Rosen verbinden das Zarte und das Starke, den Rittersporn und den Ast. Die braunen, getrockneten Fruchtstände sind ein reizvoller Kontrast zu den rosa Rosen.
Material: weißer Rittersporn, drei rosa Rosen, ein dürrer Ast und zwei getrocknete Fruchtstände

Rechte Seite:
Wie aus einem Knoten steigt die C-förmig gebogene Linie dieser Wurzel empor. Die rosa Rose und die Rhododendronblätter betonen den Ausgangspunkt dieser schwungvollen Linie und geben dem Gebilde zugleich eine optische Mitte.
Material: Teil einer Wurzel, 1 Rose und Rhododendronblätter

Bei dieser Komposition liegt die Spannung in der Betonung der Vase. Durch den breitgezogenen Buchenzweig mit seinen horizontal liegenden Haupt- und den vertikalen Nebenzweigen wurde die Form des Gefäßes betont. Das vertikale Relief der Vase wird durch die aufstrebenden Linien der Zweige wiederholt. Die symmetrischen Linien des Zweiges wurden mit einer asymmetrischen Blütengruppe kombiniert.
Material: drei Moosrosen, ein blattloser Buchenzweig, Blätter und Blüten der Eberesche

Rechte Seite:
An eine Gewitterstimmung soll diese Komposition erinnern. Der bemooste Zweig mit seinen Zickzacklinien zeigt ein herannahendes Gewitter mit drohenden schwarzen Wolken und Blitzen an. Die gelb-roten Dahlien stellen die Sonnenstrahlen dar, die da und dort noch einmal durchzubrechen wagen. Der Kampf zwischen Sonne und Wolken bringt eine unheimliche Stimmung und auch Stärke in dieses Arrangement.
Material: blattloser, bemooster Buchenzweig, zwei Dahlien

Die schwere Protea-Blüte wird von knorrigen Kiefernästen umarmt und dadurch in ihrer Eigenartigkeit noch gesteigert. Die Blüte schaut aus der eigenen Blattrosette wie ein Edelstein hervor. Sie hat einen beherrschenden Platz eingenommen. Selbst die Afrikanische Rose an der Basis dient nur zur Untermalung.
Material: dürre Kiefernäste, 1 Protea, 1 Afrikanische Rose

Dieses Arrangement erweckt die Erinnerung an einen stimmungsvollen Sonnenuntergang. Man könnte annehmen, daß das sonnige Gelb der Gerbera die bizarre Kiefernwurzel, die sich hinter ihr erhebt, durch ihre Farbe zum Glühen bringt. Die «Sonnenstrahlen» werden durch die strahlenförmige Fingeraralie noch akzentuiert. Die Schale ist aus naturfarbenem, unglasiertem Ton und daher mit der Wurzel und den Pflanzen verwandt.
Material: Kiefernwurzel, Gerbera, Blätter der Fingeraralie

Rechte Seite:
Die geschwungene Linie der gebänderten Weide verleiht dieser Komposition eine rhythmische Bewegung. Es ist eine Beschwörung der leuchtenden Amaryllisblüte. Die weißen Rosen stellen in Farbe und Form eine Milderung des Kontrastes zwischen dem zarten Bedrohten und dem bizarren Bedrohenden dar.
Material: gebänderte Weide, rote Amaryllisblüten, weiße Rosen, Geranienblätter

Dieses Gebilde ist aus einfachem Material zusammengestellt und wurde durch gute Naturbeobachtung inspiriert. Die Rinde hat die Form einer Gondel, der kleine dürre Zweig zeigt die Vorwärtsbewegung an. Die zwei Silberdisteln drücken die Sehnsucht nach der Ferne aus. Material: Rinde eines geschälten Baumstammes, dürrer Zweig und zwei Silberdisteln

Dieses herbstliche Arrangement wurde in einer hohen Keramikvase angeordnet. Die drei Zweige der Japanischen Quitte sind so verteilt, daß sie im Gleichgewicht stehen. Der Reiz dieser Gestaltung liegt in der graphischen Verteilung der Früchte. Die Anordnung der Quitten wurde durch das Entfernen einiger Früchte erreicht. Die roten Rosen verleihen dem Arrangement Gewicht und Fülle. Da die Rosen sehr dicht stehen, wurden sie durch einige Eukalyptusblätter aufgelockert. Material: Japanische Zierquittenzweige mit Früchten, rote Moosrosen, Eukalyptusblätter

Die Ikebana-Nische der Autorin; dies ist ein Platz im Wohnraum, der eigens dafür geschaffen wurde, um Blumen aufzustellen.

Rechte Seite oben:
An diesem Beispiel wird deutlich, wie ein Landschaftsausschnitt mit wenig, aber sorgsam ausgewähltem Material sinnvoll dargestellt werden kann. Es ist eine Oase der Ruhe, die dem Beschauer die Sehnsucht nach der Natur ersetzt.
Material: 1 große Schale, Steine, Sand, 1 Kiefernzweig, weißblühendes Rhododendron und kleine Grasbüschel

Rechte Seite unten:
Eine der Ikebana- und Batikausstellungen der Autorin in der Kunstgalerie Schürmenn (Helmstedt).

Der gebogene Stengel des Spargels schwingt sich in weitem Bogen aus der flachen Schale empor. Man könnte meinen, ein scharfer Herbstwind sei über ihn hinweggefegt. Die zwei Gloriosablüten und die Blätter von Lilien bilden die untere Ebene dieser Komposition. Der kühle Hintergrund dieses Gebildes drückt noch mehr die Kühle des Herbstwindes aus.
Material: 1 Spargelkrautstengel mit Früchten (Asparagus), 2 Gloriosablüten, Blätter von Lilien

Bei längerer Betrachtung könnte man den Eindruck bekommen, eine Kranichfamilie in ihrem Nest überrascht zu haben. Die höchste Wurzel ist das beschützende und wachsame Männchen, das Weibchen schmiegt sich zärtlich und auch Schutz suchend an ihn. Das Jungtier ist noch ganz wackelig auf den Beinen und sieht noch sehr ängstlich aus.
Die drei getrockneten Artischockenblüten deuten das Nest an. Die zwei Steine geben dem Ganzen etwas Wirklichkeit.
Material: drei Wurzeln, drei getrocknete Artischockenblüten, zwei Steine

Aus einer Rauchglasschale ragen zwei Kallas hoch empor. Die vier Kallablätter streben ebenfalls nach oben und geben der Komposition eine dynamische Bewegung und gleichzeitig einen Halt. Der weinrotfarbene Hintergrund gibt dem Arrangement eine warme und feierliche Stimmung.
Material: Kallablüten, Blätter der Kalla, Rauchglasschale

Ein Beispiel für eine Gestaltung mit zwei Einstellpunkten in zwei Schalen, die als Einheit behandelt wurden. Obwohl in den beiden Schalen verschiedenes Material verwendet wurde, reichten Primelblüten, die in die hintere Schale gesteckt wurden, um die gesamte Komposition zu verbinden. Es ist eine lockere Kombination in Farbe und Gruppierung, die den Frühling in seiner Fülle darstellt.
Material: Trauerweide, Osterglocken, weiße Tulpen, zartlila Primel

Zwei Schlehenzweige schwingen über der runden Vase aus und bestimmen die Linie und den Rhythmus des Arrangements. Die an der Basis gruppierten zarten Chrysanthemen betonen in dieser Komposition die optische Mitte.
Material: Schlehenzweige mit Beeren, zartlila Chrysanthemen

Rechte Seite:
Eine Zusammenstellung von verschiedenartigem Material wurde zu einem harmonischen Ganzen gefügt. Zwischen die steil aufwärtsstrebenden Iris drängt sich an der Basis quer eine gezackte Wurzel. Sie steht im Einklang mit der rechteckigen, naturfarbenen Keramikschale. Die untere, tiefsitzende Iris verbindet den unteren und oberen Bereich des Arrangements. Eine Rose in Gelb, der Komplementärfarbe von Violett, läßt das Arrangement hell aufleuchten. Das zarte Grün des Blattes gibt dem Hintergrund des Gebildes eine bizarre Silhouette.
Material: Wurzel, 3 Iris, 1 Rose, Blätter

Hallwag Taschenbücher

(Sommer 1977)

3 Unsere Vögel
5 Unsere Bäume
6 Der Sportfischer
7 Schmetterlinge und Nachtfalter
8 Karte und Kompaß
9 Wetterkunde
10 Unsere Pilze
14 Unsere Hunde
15 Baustilkunde
16 Chemie
18 Alpenblumen
19 Käfer und andere Insekten
20 Möbelstilkunde
22 Einführung in die Elektrotechnik
23 Wiesenblumen I
24 Wiesenblumen II
27 Waldblumen
28 Mikroskopieren
29 Unsere Sträucher
32 Besser fotografieren
33 Heilpflanzen
34 Tiere im Zoo
35 Moorpflanzen
36 Verkehrsflugzeuge
38 Zimmerpflanzen und ihre Pflege
41 Die Biene
42 Einführung in die Astronomie
45 Druckgraphik
49 Der Briefmarkensammler
53 Schiffe und Schiffahrt*
54 Unsere Katzen
57 Muscheln am Meer
61 Kakteen
64 Berufslexikon für Mädchen (Schweiz)
66 Berufslexikon für Knaben (Schweiz)
68 Schach für Anfänger
69 Das Atom als Energiequelle
70 Minerale und Gesteine
71 Geologie